画说中华孝典

画说国学丛书

张乐群 著

中国书籍出版社
China Book Press

国学画集丛书编委会

序 言

赵云博

孟子有云："孝子之至，莫大乎尊亲。"百善孝为先，中国历来就是一个注重孝道的礼仪之邦。中国孝文化源远流长，"孝"作为一种文化体系、一种社会意识形态，随着社会的变迁而发展。在当代，孝文化作为一种最基本的亲情关系，一直在发挥着它应有的现实价值，也在推动着人类和社会的和谐发展。中国传统孝文化是在华夏数千年历史中孕育、诞生和发展起来的，孝道贯百代，上下五千年。中国传统孝文化是在中国长期的历史发展中积淀而成的。孝道已成为了中华民族繁衍生息、世代相传的优良传统与核心价值观。从历史的不断发展中我们可以看到，传统孝文化在促进国家和谐、人际关系和谐等方面发挥着不可替代的作用。

中国历史上流传着许多关于孝的故事，历代传颂的《二十四孝》从不同角度、不同环境、不同遭遇等方面讲述了众多孝子的行孝故事，是我国古代宣扬儒家思想及孝道的通俗读物。此外，还有无数流传下来的"孝"故事，这些故事成为培育中华传统美德的母本。孝文化从古传到今，作为一种社会意识形态是随着人类社会的产生而产生的，毫无疑问会带有某些封建的糟粕。所以，对待传统的孝文化，我们应该辨其真伪，学会扬弃，要学会从孝文化的历史与内涵中重新审视其当代的价值。

孝与感恩是中华民族的传统美德，感恩是人类社会最朴实的情感表达，是社会道德和社会和谐的基本要求。知父母恩是尊敬父母的前提，孝敬父母是子女的伦理规范与道德责任，是做人的修养与觉悟。在新的历史条件下，我们应该更多地思考如何有效继承和传承孝文化，特别是使未成年人从传统文化典籍中汲取思想养分，懂得孝敬和感恩父母。

如今，我们大力提倡亲情教育，提倡诵读如《论语》《孝经》《礼记》《弟子规》《二十四孝》等经典，使知恩、感恩、报恩成为社会的主流意识，从而为我国的社会主义精神文明建设作出重要贡献。

为此目的，《画说中华孝典》应运而生。本书以“二十四孝”故事和历代传颂的孝道故事为蓝本，乐群先生精心绘制每一幅图画，力求做到画与文通、文与意合，使人观画便知文意、读文更解画意。

本书以图文并茂的形式，向读者传递着中华民族历久弥新的孝文化，读之让人不忍释卷。希望此书为中华孝文化的传承和发扬起到积极的作用，为此，乐群先生将欣之慰之。

目录 COTTON

百孝篇

一

人人应孝孝为先
孝能做到天地安
孝能做到身心安
与人相处孝为先
孝顺父母记心田
孝要随顺才圆满
孝顺不在多给钱
知恩报恩孝道传
做人孝是方向盘
孝是明灯道路宽
孝要做到不虚谈
自古孝道在流传
古有舜王孝称赞
二十四孝天下传
父慈子孝理当然
孝是根本把好关

二

孝是方向别走偏
孝敬不在吃和穿
孝让二老心要安
孝让二老少挂念
孝让二老心不烦
教育子女孝为先
首先自己孝在前
孝道才能往下传
如若做人忘了孝
想让儿女孝很难
自己先孝儿女看
儿女见到孝就传
孝顺不在贫与贱
贫穷能笑更可赞
问寒问暖尽孝贤
代代孝顺才保全

三

人人孝顺少灾难
家家平安孝在前
孝做到了家平安
孝是第一孝为先
孝顺不分民和官
孝顺不分男和女
报恩是要孝在先
不孝父母儿孝难
孝孝孝来莫迟延
孝孝孝来莫迟缓
孝敬公婆忍在前
上敬下和尽孝贤
离孝做人难做全
妯娌和睦孝在前
夫妇和睦孝何难

四

兄弟和顺孝道传
姐妹和睦孝又传
全家和睦孝圆满
孝要做到都赞叹
孝顺不分老和少
孝顺不在近和远
各行各业把孝传
好人好心孝圆满
女子从小学孝贤
孝字本是传家宝
有孝家庭和睦好
有孝快乐没烦恼
有孝做人能做好
孝顺不在钱多少
尽心尽力孝做到

五

老实做人就是孝
孝顺不在说多少
孝重实质不在表
人做好了就是孝
一切恭敬孝做到
想孝父母孝记牢
孝顺有钱买不到
孝顺能做要快孝
二老在世孝做到
父母不在后悔孝
后悔当时孝做少
孝是做人一航标
孝做到了齐欢笑

六

人人都夸孝子孝
孝字做到身体好
孝字处处都重要
务农经商都能孝
谦虚恭敬孝做到
处处节约都是孝
孝字功劳实在高
人人都可去学孝
偷盗嫖赌孝丢掉
孝字治家能治好
孝字治国是个宝
孝字人人都需要
孝字行行要做到

孝感动天

虞舜耕田

【原文】

虞舜，姓姚名重华。父瞽瞍顽，母握登贤而早丧。后母嚚，弟象傲，常谋害舜。舜孺慕号泣，如穷人之无所归。负罪引慝，孝感动天。尝耕于历山，象为之耕，鸟为之耘。帝尧闻之，妻以二女，历试诸艰。天下大治，因禅焉。

【释读】

古代有个叫舜的人，他的父亲叫瞽瞍，没有知识，又喜欢妄为。他的生母握登很贤德，却早已亡故。他的后母很嚚张，他的弟弟性子很傲慢。他的父亲、继母和异母弟弟都想害死他。一次让他修谷仓顶，他们在下面放火想烧死他。舜手持两个斗笠跳下来，免于一死。又一次，让他挖井，他们又用土填井，想把他埋在井中，舜只好挖地道逃跑了。事后，他对父亲和弟弟仍是孝顺和慈爱。他的孝行感动了天地，大象来帮他耕地，鸟儿帮他锄草。当时的皇帝听说了他，就考察他多年，发现他不但孝，而且会理政做大事，就把两个女儿娥皇和女英嫁给他，把自己的皇位也传给了他。舜当了皇帝，还是经常去看望父亲和继母、弟弟，并善待他们。

双亲快乐

老莱斑衣

【原文】

周老莱子，姓莱，佚其名，楚人，至孝，奉二亲极其甘脆。行年七十，言不称老。尝着五彩斑斓之衣，为婴儿状，戏舞于亲侧。并在双亲前弄雏，欲亲之喜。又尝取水上堂，诈跌卧地，作婴儿啼，以娱亲意。

【释读】

周朝时期，有个叫老莱子的人，为躲避乱世，在深山中自耕自给过日子。他孝顺父母，每天以美味供养父母。他已七十岁的人了，从不言自己老，为了让父母高兴， 他经常穿着五彩衣服，扮作儿童模样，逗父母开心。一次他送水给父母，不小心摔倒在地上，为了不让父母担心，他干脆躺在地上像小孩一样哭闹，叫父母开心。

鹿乳奉亲

郯子鹿乳

【原文】

周郯子，鲁人，史佚其名，天性至孝。父母年老，俱患双目，思食鹿乳而不得。郯子顺承亲意，乃衣鹿皮，去之深山中，入鹿群之内，取鹿乳以供亲。猎者见而欲射之，郯子具以情告，乃得免。

【释读】

春秋时期，一个叫郯子的人，父母年老，患眼病，需要鹿乳来治。于是，他就到森林中扮成鹿的模样，混在鹿群中，挤鹿乳给父母治疗。一次，他正在挤鹿乳，看见一个猎人想用弓箭射他，他急忙脱去鹿皮说明原由，猎人看他如此行孝，送他鹿乳，帮他治疗父母眼病。

背米养亲

仲由负米

【原文】

周仲由、字子路。家贫，常食藜藿之食，为亲负米百里之外。亲没，南游于楚，从车百乘，积粟万钟，累裀而坐，列鼎而食，乃叹曰："虽欲食藜藿，为亲负米，不可得也。"孔子曰；"由也事亲，可谓生事尽力，死事尽思者也。"

【释读】

春秋时期，孔子学生仲由，十分孝顺父母。自己吃野菜做的饭，却从百里之外背米回来孝敬双亲。父母死后，每当自己吃着美味佳肴，就想到父母生前的苦。孔子说："父母活着时你尽孝了，死后你又能纪念他们，算是人间大孝子了。"

曾参养志

【原文】

周曾参，字子舆，善养父志。每食，必有酒肉，将彻，必请所与。父嗜羊枣，既没，参不忍食。采薪山中，家有客至，母无措，啮指以悟之。参忽心痛，负薪归。妻为母蒸梨，不熟，出之。过胜母，避其名不入。学于孔子，而传《孝经》。

【释读】

春秋时期，孔子学生曾参，以孝闻名。幼年时期家贫，常去山中打柴。一天家中来了客人，母亲不知怎么招待人家，着急得只好用牙咬自己的指头，曾参忽然觉得自己的心疼，知道母亲在家中有事，就急忙挑着柴担回来，以礼相待了客人。曾参后来著述了《大学》《孝经》等儒家经典，后人称他为“宗圣”。

咬指唤儿

闵损芦衣

【原文】

周闵损，字子骞。早丧母，父娶后妻，生二子。母恶损，所生子衣绵絮，而衣损以芦花。父令损御车，体寒失靷。父察知之，欲逐后妻。损启父曰；“母在一子寒，母去三子单。”父善其言而止，母亦感悔，视损如己子。

【释读】

春秋时代，一个叫闵损的人，是孔子的学生，他生母早死，父亲娶了后母，又生了两个儿子，后母经常虐待他。冬天，两个弟弟穿着用棉花做的棉衣，给他的棉衣是“芦花”做的。一天，父亲出门坐车让他拉车，他因寒冷拉不动车子，遭到父亲打骂，打破了他的衣服，飞出来芦花，父亲才知道后母对他的虐待，于是要休了后母。闵损哭着说：“留下母亲，我一个受冷；没有母亲，我们三个人都要受冷啊！”父亲母亲都十分感动，从此一家人再不两样对待了。

求父畄母

汉文尝药

【原文】

汉文帝，姓刘名恒，高祖第三子也。初封于外为代王。生母薄太后，帝朝夕奉养无倦怠。太后病三年之久，帝侍疾，目不交睫，衣不解带，所用汤药，必先亲尝之而后进。仁孝之名，闻于天下。

【释读】

汉朝皇帝刘恒，继位后仁孝闻名于天下。他是薄太后所生，他侍奉母亲从未间断，太后卧病三年，他常常日夜服侍在身边，母亲服的药，每次都先由他亲自尝过后才让母亲喝。他在治理国家大事上也一样仁德，在位二十四年国家兴旺发达，人民安居乐业。

亲尝汤药
庚寅年北京张晓辉绘

孝感人心

蔡顺拾葚

【原文】

汉蔡顺，少孤，事母孝。遭王莽乱，拾桑葚，盛以异器。赤眉贼问其故，顺曰；“黑者奉母，赤者自食。”贼悯之，赠牛米不受。

【释读】

汉朝一人叫蔡顺的人，少年丧父，孝顺母亲。当时正值兵荒马乱，饥荒连年，柴米很贵。为了度饥荒，他只好到野外去拾桑子让母亲充饥。一天，当时的赤眉军看到他拾桑子就问：“你为什么把红的和黑的分开放在两个篮子里？”他说：“黑色的已熟了让母亲吃，红色的还不熟自己吃。”赤眉军听了，知道他孝顺，赏他肉和粮去供养母亲。

埋儿得金

郭巨埋儿

【原文】

汉郭巨，家贫，子尚幼，母减食与之。巨因贫难供母，子又分甘，乃乘子出，进食。一日，子溺毙，妻惶泣。巨曰；“毋惊母，子可再有，母不可复得。”盍埋之。妻不敢违，遂掘坑三尺，雷震子生，见黄金一釜。上有字云云。

【释读】

晋朝一个人叫郭巨的人，家贫，儿子还小，母亲为孙儿多吃点粮食，自己节省少吃。郭巨心中很痛苦。一天，儿子掉在水坑中溺死，妻子很伤心，郭巨说：“不要哭，儿子死了还可以再有，母亲没了就不可能再有了。”他们挖坑埋儿，忽然天空雷声大响，坑中出现一坛子黄金，上面写着：“天赐郭巨，官不得夺，民不得取。”夫妻从此供养母亲，养子送终。

董永卖身

董永卖身

【原文】

汉董永，性至孝。家贫，父死，卖身贷钱而葬。及往偿工，途遇一妇，求为永妻。同至主家，令织缣三百疋乃回。一月完成，主大惊，听永归。至槐阴会所，妇辞永曰：“吾织女也，天帝感君之孝，令我相助耳。”言讫凌空而去。

【释读】

东汉时，山东人董永，少年丧母，后兵荒年代又丧父。为葬父，卖身为奴，在路上遇到一女子无家可归，二人结为夫妻。在财主家女子一个月织了三百匹锦缎，替董永抵债赎身。回家途中，女子告诉他自己是因为董永的孝行才来帮助他，说完就回天上去了，留下了槐荫树，后人改名“孝感树”。

刻木孝亲

丁兰刻木

【原文】

汉丁兰，河内人，早丧父母，刻木像，事之若生。邺人张叔假物，兰妻卜筶，木像不许。叔醉詈木像，且击之。兰归，见木像色不怿，询知之，即奋击张叔。吏至，捕兰，木像为之流涕。郡嘉其孝通神明，奏之，诏图其形。

【释读】

东汉时期，一个叫丁兰的人，幼年时父母双亡，他经常思念父母，于是用木头刻了父母的像供奉在家中，每天有什么事都与父母的像商量。一日三餐先敬父母后再食用。出门先告知父母，回来又去禀告父母。

一天一个姓张的人借物，丁兰妻子见丈夫不在就向父母木像询问，木像不同意，那姓张的人喝了酒到丁兰家打了木像。丁兰回家知道此事后，去打了姓张的人，并打伤了人家，官吏将丁兰抓走。因丁兰孝顺父母名声远扬，官府将他免罪放回。丁兰依然以木像孝父母。

姜师出妇

【原文】

汉姜师事母孝，妻庞氏尤孝。母嗜鱼脍，又好饮江水，去舍六七里，妻往汲之。值风归迟，母渴，师责遣之。妻寄止邻舍，纺绩市珍馐，使邻母往遗。久之，姑遂召还。舍侧忽涌泉，味如江水，每日跃出双鲤，取以供膳。

【释读】

汉朝姜师，对母亲很孝顺，他的妻子也很孝敬婆婆。母亲喜欢吃鱼喝江中水，他的妻子每天去挑水。一天，风太大，水挑回来晚了，姜师把妻子赶出门，妻子只得住在邻居家中。妻子每天纺织，换些钱来买好吃的送给婆婆，婆婆很受感动，叫媳妇回来了。他俩的孝行感动了天地，一天在家旁边突然出现一眼泉水，又跳出鱼来，他们以此天天供养孝母。

夫妻孝母

陆绩怀橘

【原文】

汉陆绩，字公纪。吴郡人。其父康，曾为庐江太守，与袁术交好。绩六岁时，于九江见术。术出橘待之。绩怀其三枚。及归拜辞，橘堕地。术笑曰："陆郎作宾客而怀橘乎？"绩跪答曰："吾母性之所爱，欲归以遗母。"术大奇之。

【释读】

三国时期，吴国有个小孩叫陆绩，六岁时随父亲到九江见袁术，袁术拿出橘子招待他。陆绩往怀里藏了两个橘子，临别时见袁术，不小心掉出来了，袁术笑着说："为什么还要藏着橘子啊？"陆绩说："我母亲喜欢吃橘子，我拿两个回去给母亲吃。"袁术很高兴，小小年纪就知道孝敬母亲，将来一定是个人才。陆绩长大后果然成了一个大文学家。

吃橘思母

黄香温清

【原文】

汉黄香，字文疆，江夏人。年九岁丧母，哀毁逾礼，乡人称其孝。家贫，躬执勤苦。事父尽孝。夏天暑热，扇凉其枕簟。冬日寒冷，以身温其被席。父疾，侍奉尤极其诚。太守刘护表而异之。后举孝廉，官至尚书令。

【释读】

东汉时有个叫黄香的小孩，九岁丧母，对父亲很孝顺。夏天炎热，他为父亲铺凉席，冬天寒冷，他用自己的身体先给父亲温暖被子，再让父亲睡觉。他不仅孝顺，而且文采飞扬，当时传颂：“天下无双，江夏黄香。”长大后他成为国家的官员。

年小志大：

拒贼孝母

江革负母

【原文】

汉江革，字次翁。少失父，独与母居。遭世乱，负母逃难，数遇贼，欲劫去。革辄泣告有老母在，贼不忍杀。转客下邳，贫穷裸跣，行佣以供母。

【释读】

东汉时，有个叫江革的人，少年丧父，他侍奉母亲十分孝敬。当时正是战乱年代，到处有贼人和杀人的匪徒。他带着母亲几次被抓，他哭诉着向贼人说："老母年迈，无人奉养。"贼人放了他。从此，他辛苦做工挣钱，一直供养老母，后来还做了官。

王裒泣墓

【原文】

魏王裒，父仪，为晋文帝所杀。裒终身未向西坐，示不臣晋。母畏雷，每闻雷，即奔墓前拜泣告曰："裒在此。母勿惧。"尝攀墓前柏树号泣，泪着树，树为之枯。读诗至："哀哀父母，生我劬劳。"必三复流涕。门人尽废蓼莪篇。

【释读】

魏晋时代，王裒父亲王仪被司马昭杀害，他隐居后教书为业，誓死不当晋朝的臣子。他母亲生前怕雷声，母亲死后，他把母亲葬在树林中，每当听到雷声时，他就跑到母亲墓前哭诉："母亲别怕，裒儿在你身旁！"他教书讲课时，一旦讲到"百孝"篇，就泪流满面。他的孝行成为千古流芳的故事。

王裒泣墓
魏王母亲之墓
庚寅冬北京张东辉绘

孟宗哭竹

【原文】

吴孟宗，字恭武，江夏人，少丧父。母老疾笃，思笋煮羹食。时冬节将至，笋尚未生。宗无计可得，乃往竹林中抱竹而泣，孝感天地。须臾地裂，出笋数茎。持归作羹以奉母，母食之而病愈。人皆以为至孝所感。

【释读】

三国时代，孟宗年少丧父，母亲体弱多病，医生说："用鲜竹笋做汤方能治疗此病。"当时正是冬天，那里去找竹笋呢？孟宗十分着急，独自一人到竹林里去扶竹痛哭。突然，孟宗看到地裂开了，长出鲜竹笋来，孟宗大喜，采回来给母亲做汤，母亲吃了，果然病好了。成年后，孟宗作了大官。

孟宗哭竹

卧冰求鱼

王祥剖冰

【原文】

晋王祥，早丧母。继母朱氏不慈，数谮之。祥奉命愈谨。母嗜生鱼，时冰冻，祥解衣，将剖冰求之，冰忽自解，双鲤跃出，持归供母。

【释读】

晋朝有个叫王祥的人，后母十分刁蛮，多次在他父亲面前说他坏话，使他失去父亲的关爱，但王祥从不记恨他们，父母有病他还是不分昼夜地伺候。一天继母想吃鱼，但又是冬天河中结了冰，王祥只好把衣服脱了，用身体的热量化冰，想求得鱼让继母吃。他的孝心感动了冰河，冰河自动裂开了大口子，跳出两条鱼来，王祥拿去给继母吃了。

杨香扼虎

杨香扼虎

【原文】

晋杨丰之女名香。年十四岁时，随其父刈稻于田间。偶遇一虎来嗜其父，时香手无寸铁，惟知有父，而不知有身，踊跃向前，扼持虎颈，虎大惊，弃丰而奔逸。父遂得免于害。太守孟肇闻之，上其事于朝廷，下诏以旌其门闾。

【释读】

晋朝杨丰女儿杨香，年十四岁，随其父到稻田去收割。路遇一只猛虎向父亲扑去，杨香手无寸铁，面对猛虎咬父亲，她不顾一切向猛虎扑过去，双手死死地扼住老虎脖子，老虎被这个少女的勇猛吓住了，放弃了咬她的父亲，逃跑而去。父亲得救了，消息传遍了全城，太守孟肇闻知，给杨香家门挂旗以示表扬这位小英雄。

吴猛饱蚊

【原文】

晋吴猛，字世云。豫章分宁人。年八岁，事亲至孝。家极贫寒，榻无帷帐。每当夏夜，任蚊攒肤，恣渠膏血之饱。虽多，不敢驱之。惟恐其去己而噬亲也。后遇至人丁义，授以神方，屡着灵异。宋政和中封真人。

【释读】

晋朝有个叫吴猛的小孩，从小就懂得孝敬父母。家里很穷，没有蚊帐，看到蚊虫在父亲睡觉时咬得他睡不好觉。他想了个办法，每到睡觉时，就把衣服脱光，坐在父亲床前，让蚊虫咬自己，他也不赶走蚊虫，生怕蚊虫去咬父亲。后遇到一位大师传他秘方，治病救人十分灵验，他在当时被誉为“真人”！

黔娄尝粪

【原文】

南齐庾黔娄，字子贞，新野人，为孱陵令。到任未旬日，忽心惊汗流，即弃官归。时父易病痢，始二日。医者曰：“欲知瘥剧，但尝粪，苦则佳。”黔娄尝之甜，心忧之。每夕，稽颡北辰，求以身代父死。易卒，居丧过礼，庐于冢侧。

【释读】

南齐时有个叫庾黔娄的人，十分孝敬父母。他去一个地方当县令，上任不久，忽然心惊流汗，预感到家中有事。于是他辞官回家，知父亲已重病两日，医生说：“要知你父亲的病情如何，只有尝他的粪便，如果是苦味，就容易医治。”庾黔娄就将父亲的粪便尝了一下，味道是甜的，他知父亲快死了，忧心如焚，希望以自己的生命来换取父亲的存活。不久，他的父亲死了，他守孝三年才去做官。

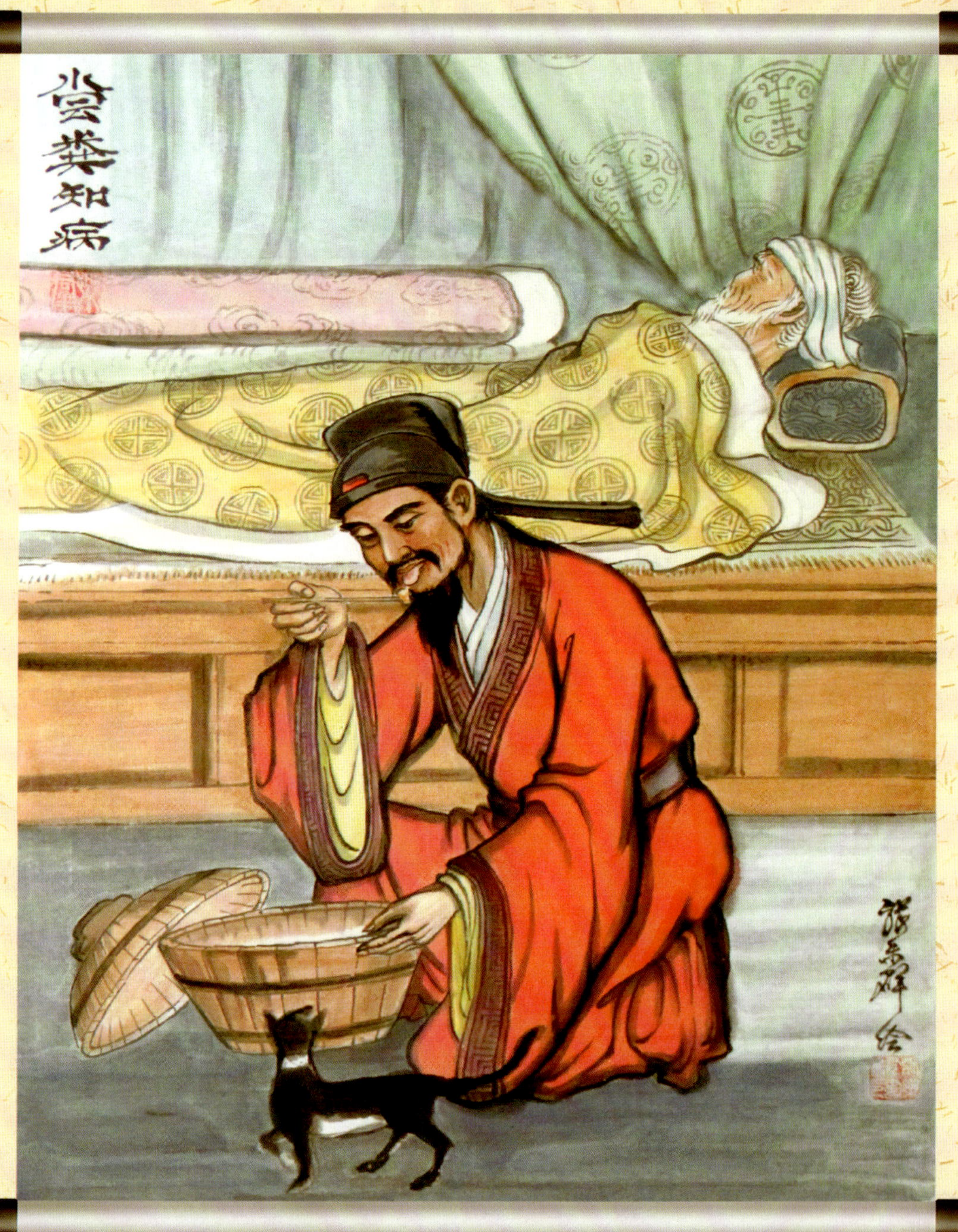
尝粪知病

崔唐乳姑

【原文】

唐崔山南曾祖母长孙夫人，年高无齿。祖母唐夫人每日栉洗，拜于阶下，升堂乳其姑。姑不粒食数年而康。一日疾病，长幼咸集，乃宣言无以报新妇恩，愿子孙妇如新妇孝敬，足矣。后博陵诸崔，历台阁藩镇者数十人。天下推为仕族之冠。

【释读】

唐朝一个叫崔山南的人，他的妻子唐氏很孝顺，他们的祖母年纪很大，牙齿没有了，吃不了食物，于是唐氏就用自己的奶让祖母吃，祖母的身体渐渐好起来。在老太太快离开人世时，她召集全家人说："我无法报答孙媳妇的恩德，但愿你们大家一定要像她那样孝敬老人。"后来崔家的人一代一代都很孝敬，代代都有人做官。

崔氏乳姑

为母涤盆

庭坚涤秽

【原文】

宋黄庭坚，字鲁直。一字山谷，又号双井老人，洪州分宁人也。元佑中，为太史。性至孝。身虽贵显，奉母尽诚。每夕，亲自为母涤秽器，不使婢妾为之。未尝一刻有缺子职。苏东坡叹其诗，独立万物之表。

【释读】

北宋一个叫黄庭坚的人，是当时著名的诗人，书法家，身居高官，对父母十分孝敬。他家佣人很多，但每天总是亲自为母亲刷洗便桶，他的行为在当时传为佳话。

弃官寻母

寿昌弃官

【原文】

宋朱寿昌，年七岁。生母刘氏，为嫡母所妒，出嫁，母子不相见者五十年，寿昌屡求不获。神宗朝，弃官入秦，与家人诀，誓不见母不复还。行至同州得之，母年七十余，寿昌乃迎归。并迎其同母弟妹共居焉。

【释读】

宋朝有个叫朱寿昌的人，七岁时自己的亲生母亲被父亲的正室逼着改嫁了，五十年母子音信不通。朱寿昌行游四方寻找生母。后来他辞官寻母，说找不到母亲决不做官。在陕西终于找到了生母和两个弟弟，一同回来了，他孝敬七十多岁的母亲，过着幸福的生活。

妯娌和睦
庚寅年北京张乐群绘

郑徐二难

【原文】

唐张孟仁妻郑妙安，仲义妻徐妙圆，皆敦义睦。徐富郑贫，各忘形迹，从不以事介嫌。恒一室纺织，有所馈，俱纳于姑。不私为己有。郑归宁，徐乳其子。徐归宁，郑亦如之。不问孰为己子，子亦不辨孰为己母。家猫为人窃去，犬哺其儿。人谓和气所感，上表其门曰：二难。

【释读】

唐朝时有弟兄两个，大哥叫张孟仁，弟弟叫张仲义。两个媳妇，大的叫郑妙安，小的叫徐妙圆，两家人过得十分和睦。各家都十分孝敬公婆，把吃的、穿的、用的都送到公婆手里，自己从不私藏财物。妙安回娘家了，她的儿女由妙圆给喂奶。妙圆回娘家了，她的儿女由妙安给喂奶，两家的孩子分不清谁是他们的亲爹亲娘了。家里的猫生了小猫，大猫被偷走了，他家的狗来给小猫喂奶。人们都说这是妙安、妙圆行善积德的原故。人们都羡慕他们幸福、和睦的家庭。当朝皇帝闻听此事，便写了两个字表彰她们，两个字为：二难。

穗女抚弟

【原文】

明陈穗女，年十八，父母殁，二弟长者六岁，少者五岁。亲族利其有，日眈眈于旁。女矢志抚弟，置帚数十，具酒食以待。寒夜，族兄弟乘黑叩门。女燃帚启户，款以酒食。皆大惭，诡曰："吾辈夜行，火灭求烛耳。"自此遂绝意。及二弟毕婚，年四十五，乃嫁。无子，二弟迎养终身。

【释读】

明朝陈穗的女儿十八岁时，父母先后去世了。有两个小弟弟才几岁，家业很大，很有钱，族里的人们都有分他们钱财的想法。陈穗的女儿看出来了，她立下誓愿，要抚养两个弟弟长大。族中的人怎么相处呢？她便设下酒宴请他们，让族中年长的人说话保护她的弟弟们，逢年过节请大家在一起吃饭，叙说家谱，这样大家都不好意思起坏心了。直到两个弟弟长大，娶了妻，她才出嫁。这时，她已是四十五岁的人了，没有儿女，两个弟弟把她接回来，养老送终。

賢惠的小姑

邹媖引过

【原文】

宋邹媖，为继母之女。前母兄娶荆氏，继母虐之。媖辄掩护。后嫁士人。内外称其贤。及归宁，抱数月儿，嫂置诸床。儿堕火，烂额死。母大怒。媖曰："女自卧儿于嫂室，嫂不知也。"荆悲悔不食。媖不哭。且曰："我梦儿当死也。"强嫂食而后食。后生三子，四登进士。年九十三而卒。

【释读】

宋朝时一个人家哥哥妹妹很和睦，哥哥娶了嫂嫂，婆婆很看不上，对她十分不好，小姑就处处维护嫂嫂，劝母亲不要对嫂嫂生气。后来小姑出嫁了，常回来看望母亲和嫂嫂，有一次小姑抱了几个月的儿子回家，把孩子放在嫂嫂家，不小心掉在火里，烧烂了额头死了。嫂嫂痛苦得很，母亲又在骂她，嫂嫂想寻死，小姑就装作不痛苦的样子劝嫂嫂，服侍嫂嫂吃饭活下去。后来小姑又生了三个儿子，个个都做了官。小姑活了九十三岁才去世。

妙真祝寿

【原文】

元葛妙真，九岁。闻日者言，母年五十当死。妙真忧而祝天，愿持长斋，守贞不嫁，日诵大士经以延母寿。家中不进生物，以腌肉奉母。又以针黹所余，买物放生。劝亲邻少杀，勿溺女婴。见小儿捉弄禽鱼，必劝其父母戒之。邻里感化，救活生命无算。母年八十一而卒。

【释读】

元朝有个人叫葛妙真，九岁时听说母亲只能活到五十岁，心里十分担忧。她祈求天上神灵保佑她母亲长命百岁。她不出嫁，长吃素，天天念佛，并把家中所有的动物都放生。她又劝邻居不要杀生，小孩子捉鸟，她都劝他们放生。久而久之大家都被她的真诚感化了，都长年吃素，不杀生。她的母亲越活越健康，活到八十一岁。

为母亲長寿
庚寅年北京張乐輝绘

少娣化嫂

【原文】

宋崔少娣为苏家妇。苏兄弟五人，娶妇者四矣。日有争言，阋墙操刃。少娣始嫁，人忧之。少娣事四嫂，执礼甚恭。嫂有缺乏，即以己物遗之。姑役其嫂。少娣曰："吾后进，当劳。"嫂未食，不先食。嫂各以怨言告者，少娣笑而不言，女奴来告者笞之。嫂儿溺其衣，无惜意。岁余，四嫂自相谓曰："五婶大贤，我等非人矣。"遂相与和睦。

【释读】

宋朝时有个女子姓崔，丈夫是家里的第五个儿子。前四个儿媳妇不和睦，每天争吵闹事。崔氏嫁过来后，家中人都很担忧，可是崔氏对每个嫂嫂都很有礼貌。看到她们需要什么东西时，把自己的送过去。婆婆料理家务时自己主动干最累的活儿。崔氏说，我是小的应该为嫂嫂们效劳。吃饭时嫂嫂先吃，从不说嫂嫂们的坏话，听到佣人说嫂嫂们的坏话，崔氏用家法管制他们。年幼的侄儿们把尿撒在她身上，她不可惜衣服，拿道理讲给他们听。经过几年的努力，嫂嫂们都对她心服口服，大家忏悔自己的过失，都说五婶是大贤大德的人，我们做人都应该像她一样，从此五个儿媳和睦相处，日子越过越好。

五個媳妇
庚寅年北京张磊群绘

敬女代嫁

【原文】

唐冀州长史吉懋，欲为子顼娶南宫县丞崔敬长女。敬不许，胁以事，惧而许焉。择日下函。妻郑氏不知也。及花车至，郑始知之，抱长女大哭。长女亦坚卧不起。敬无以为计，欲自尽。其小女白其母曰："父有急，应杀身救解。设令为婢，尚不合辞，况吉亦望族，何足为耻。姊若不肯，儿请当之。"遂登车而去。后顼官平章事。

【释读】

唐朝有个做官的叫吉懋，给儿子吉顼娶亲，看准了崔敬的大女儿，但崔敬因大女儿有婚约不能答应，吉懋就以官大一级逼迫崔敬，崔敬只好同意。吉懋怕崔敬变故，速战速决，下了聘礼就迎娶儿媳。花轿到了，崔敬的妻子才知道，大女儿哭着不肯。崔敬怕得罪上级，又说服不了妻女，正在进退两难的时节，小女儿站出来说："父亲已答应，作为女儿应该以顺为孝。吉家也是名门望族，如果姐姐不同意，父母又很为难，我愿意嫁到吉家。"于是，上了花轿嫁到吉家，后来吉顼官做到了宰相。

代姐出嫁

丁氏养侄儿
庚寅年北京張东晖绘

王丁乳侄

【原文】

明王序礼妻丁氏，五河人。序礼弟序爵客于外，为贼所杀。其妻郭氏，遗腹生子。越月，投缳以殉。丁氏适生女，泣谓序礼曰：“叔已不幸客死，婶复弃孤殉之。此呱呱者，君与妾之责也。妾初举女，后尚有期。孤亡则斩叔之嗣，且负婶矣，愿以女寄养他家而抚孤。”序礼从之。未几，序礼亦死。丁氏无所出，遂抚叔子终老。

【释读】

明朝王序礼的妻子丁氏，为人贤德。在兵荒马乱的年代，王序礼的弟弟王序爵被强盗杀害了，他的妻子生下一个遗腹子，她无法生活，就把儿子托付给嫂子，自己上吊死了。这时，丁氏正好生下一个女儿，她流着眼泪对丈夫说：“弟弟两口子都不在人世了，留下这个孩子，是他们的骨血，我们要把叔叔和婶婶的后代养大，才对得起他们。”在那个年代，生活十分穷困，无法生活，丁氏只好把自己的女儿送给别人，把侄儿留在身边养育，一直到老死。全县城的人都赞扬她，县官为她挂匾，称赞丁氏的贤德。

贤嫂嫂子

王何贤名

【原文】

宋王木叔，甚贫，妻何氏，永嘉人，勤俭佐夫，家用遂饶。一日，语夫曰："子可出仕，弟妹贫寒，余资久蓄何益，请以与之。"木叔曰："是吾志也。"旦日尽散，簪珥不遗。木叔既仕，何氏又曰："弟妹尚困，有田如许，何不畀之。"夫喜曰："此尤吾志也。"尽以田与弟妹。一郡称为贤妇。

【释读】

宋朝一个叫王木叔的家里很穷，他妻子何氏很能干，帮着丈夫把日子越过越好。有一天，何氏说："你可以出去做官，但弟弟妹妹们日子过得都很穷，把咱们存下来的钱财分给他们吧。"于是连一支簪子、一副耳环也不留下，全分给了弟弟妹妹。后来王木叔出去做官，何氏又说："你的弟弟妹妹们还是穷苦的，不如把田地分给他们让他们过好日子。"王木叔很高兴，又把田地分给了弟妹们，大家都过上了好日子。整个县里的人都知道王木叔和他的妻子是最贤德的人。

三姑事长

【原文】

辽郭维翰女，名三姑。九岁父卒，又三年母丧，弟年幼，上有祖父，年七十余，依其伯，伯已年五十。祖父病风不起，三姑侍汤药饮食，三年不离，祖逝。伯继病，三姑侍伯病，如事父母然。伯终，三姑服丧三年，服阕。适胡大庵为妻，夫荣子贵，人咸敬之。

【释读】

元朝有个叫郭维翰的人生了一个女儿叫郭三姑，九岁父亲去世，又过三年母亲去世，弟弟年幼。三姑有个祖父七十多岁，中风得病，卧床不起，三姑侍奉喂汤喂药，直到去世。三姑还有个伯父无儿无女，得了病也是三姑侍奉三年才去世。这时三姑已超过出嫁的年纪了，本想不嫁，但一位姓胡的人家爱慕三姑品德高尚，要娶她为妻，三姑为胡家生儿育女，日子过得很美满，大家都很敬重她。

郭三姑孝亲
庚寅年北京

吃糠野菜一辈子

夏王糟糠

【原文】

明夏诚明妻王氏，无锡农家妇也。家贫岁荒，夫出外。氏日夜纺织，力备肴膳奉翁姑，自以糟糠和野菜充饥。其姑偶入厨下，见而垂泪。后氏享寿八十余，无疾而逝。家人梦寐中，恍见有旌幢鼓乐迎孝妇去。同里贡生某，每过氏门，必于门外三揖以致敬焉。

【释读】

明朝有一个人叫夏诚明，家里十分贫穷，娶了个媳妇十分贤惠。丈夫外出，她每天下地干活，纺纱织布，换来米给公公和婆婆吃，换来布匹给二老穿，自己过着很节俭的日子。一天婆婆来到厨房，看见媳妇吃的是野菜和糟糠，感动得流下眼泪来。后来王氏八十多岁才去世。同街有个贡生，每次走过王氏的家门，必定在门外作三个揖，以示恭敬。

陈王堂前

【原文】

宋陈安节妻王氏，孝养舅姑，抚孤恤族，乡人敬之，呼曰堂前。初，归陈氏时，小姑尚幼，堂前鞠育之。及笄，厚嫁之。舅姑殁，小姑求分财，尽出室中所有遗之。小姑所得财，为其夫所尽。又买田宅抚其甥，教之，甥卒，又抚教其子。其他亲属，贫不能存者，教养婚嫁，至三四十人。子孙遵遗训，五世同居，以孝友著。干道中，表门。

【释读】

宋朝陈安节的妻子王氏非常孝顺，对同族的人和乡亲们都很照顾。大家都敬重她，称她为母亲。王氏嫁到陈家，有个小姑很小，王氏一直把她养到大，出嫁时给了很多丰厚的嫁妆。后来公婆死了，小姑要求分家产，王氏把所有的家产都给了小姑。哪知小姑的丈夫拿了去赌光了，日子又很苦。王氏又买田地和房子让小姑的儿子生活，小姑的儿子过世了，她又抚养小姑的孙子生活。家族中有几家穷得没吃没穿，王氏又拿钱财给他们，帮他们结婚成家，受王氏恩惠的人有三四十人，他们都学王氏尊老爱幼，兄弟和睦。王氏的美德传到皇帝的耳中，皇帝表扬他们满门忠孝，赐予牌匾。

大贤大德的人
庚寅年北京
张乐群绘

欧阳贤嫂

【原文】

宋廖忠臣妻欧阳氏。舅姑死疫，遗一女名闰娘，才数月。氏适生女，同乳哺之，乳不给，乃以其女分邻妇乳，而自乳闰娘。凡有食物，必倍厚之。久之，女亦自甘退让。及笄，人每求其女，氏必以小姑未字辞。卒以富贵家先闰娘，罄其妆奁之美者送之。送女之具不及也。

【释读】

宋朝时有个叫廖忠臣的人，他的妻子复姓欧阳，公婆得传染疾病都死了，留下一个小女儿才几个月，刚巧欧阳生了个女儿，欧阳就让两个孩子一同吃自己的奶，每天给小姑吃的多，给自己的女儿吃的少。生活很困难时，欧阳就把自己的女儿寄放到娘家去，把小姑留在身边喂养。渐渐两个女孩都长大了，前来提亲的人很多，每次嫂嫂总是先给小姑选择，选了一个有钱人家，又备了许多嫁妆，把小姑嫁了出去，后来再嫁自己的女儿时嫁妆已很少了。但人人都赞扬这位贤德的嫂子！

一個受尊敬的女人

代父赎罪

缇萦上书

【原文】

汉淳于缇萦，齐人，太仓令意之少女也。意有五女，无子。会坐法当刑，诏逮系长安。临行，骂诸女曰："生女不生男。缓急非有益。"缇萦闻而悲泣，随父至长安。上书，愿入身为官婢，以赎父罪，俾得自新。文帝悯其孝，诏除肉刑，意遂获免。

【释读】

汉朝有个叫淳于意的人，生了五个女儿，没有儿子，小女儿叫缇萦。有一年淳于意犯了官司，被定了做苦工的罪。小女儿看到眼里，痛在心上，她决心跟父亲同去长安。她上书皇帝，愿意为官奴，替父赎罪。皇帝看到她如此孝顺，就免了她父亲的罪，叫她父女回家，改过自新。缇萦从此美名传天下。

少女立志
庚寅年北京張乐群绘

佳英友恭

【原文】

晋章琪女，名佳英。早丧父母。年逾二十未嫁。在家事兄嫂，甚敬。有弟三人幼弱无依，佳英为抚育成人，待之甚慈爱。后适王桂林，官至词部郎。生子三，均显贵。佳英享寿至八秩，尚康宁无恙。人咸以为友爱兄弟之报。

【释读】

晋朝有个叫章琪的人，他的女儿叫章佳英。佳英父母已过世，跟着哥嫂生活，还有三个弟弟年幼无依，佳英将他们抚育成人。后来她嫁给王桂林，王桂林官至词部郎。佳英生有三个儿子，都成为显贵之人。她八十多岁身体仍然很健康，人们都说这是她友爱兄弟的回报。

张李丐养

【原文】

唐丐妇张李氏，有姿色，年三十余。扶瞽姑行丐。姑性躁而愎，动辄咒骂。有富翁乘间以百金为聘。妇正色曰："我愿随姑饿死，誓不再嫁。"常有少年馈银及衣饰，欲诱之。妇斥骂，挥银物于地。姑病殁，妇竭力殓埋。遂削发为尼。至八十八岁，端坐念佛而逝。

【释读】

唐朝有个媳妇叫张李氏，三十来岁，人长得很漂亮。她家里穷，每天扶着婆婆到处要饭过日子。有些年轻人看她长得好，都用银子、衣物首饰去勾引她，被张李氏骂跑了。有一位老富翁看上了她，想用一百两金子娶她，请了媒人去说。张李氏说："我情愿与婆婆饿死、冻死在街头，也不肯再嫁人了。"后来她仍扶着婆婆讨饭为生，直到婆婆去世。她出家当了尼姑，活到八十八岁。

討飯孝婆
庚寅年北京
張東輝绘

淑圆击鼓

【原文】

明林时女淑圆，莆田人。时登永乐十三年进士。观政刑部。缘门籍事诖误系狱，例发北京营工。淑圆甫七岁，击登闻鼓，诉父冤。仁宗监国南京，矜其幼，赐以饭，遂宥时罪。后随任陕西。

【释读】

明朝林时的女儿叫林淑圆，林时在衙门做官，因办错了一件事，他被定了罪，下了牢狱，到外地做苦工。这时林淑圆才七岁，听母亲说了父亲的事，就到通政院击鼓喊冤。仁宗皇帝听了这件事，认为一个小小年纪的女孩，能有如此大的孝心，很感动。就叫人免了他父亲的罪，并重新任命他父亲到陕西去做官，林淑圆也随父亲母亲一同去上任了。

少女救父
庚寅年北京

嫂娘的故事
庚寅年北京张来群绘

张氏易乳

【原文】

明曹桂妻张氏，年二十四而寡，遗腹生女。念家无他丁，翁嗣将绝，日讽姑为翁娶妾。从之，得一子。弥月，妾死。张即以己女托族母，而自乳翁子。逾年，翁姑并没。或谓之曰：“汝辛苦抚夫弟，能以夫弟为后耶？”张曰：“夫弟后翁，他日得生二子，则其一即我后也。”

【释读】

明朝有个叫曹桂的人，娶妻张氏，张氏二十四岁守寡，只有一个女儿。因家中没有男丁，张氏劝公公娶妾，后来妾生了一个儿子就病死了。张氏把自己的女儿托付给娘家，自己抚养丈夫的弟弟。后来，公公婆婆都去世了。有人说：“你辛辛苦苦抚养丈夫的弟弟，能以他为后吗？”张氏说：“以后他要是能有两个儿子，那其中一个就算是我的儿子了。”

烈女投江
张乐群绘
庚寅年北京

詹女仁智

【原文】

宋詹氏女，芜湖人。幼从父受经，尝手钞列女传，夜必熟诵数回而寝。年十七，淮寇破芜湖，执其父兄，将杀之。女泣拜曰：“妾虽窭陋，愿相从，赎父兄命。”贼允之。女挥手谓父兄曰：“速行，无相念，我得侍将军，足矣。”随贼行数里，过市东桥，跃入水中死。贼众骇而去。

【释读】

宋朝有一个姓詹的女孩，从小跟父亲读经书，曾亲手抄写烈女传一书，每晚要熟读数遍才入睡。十七岁那一年，地方上出了强盗，攻破了县城，把她的父亲、哥哥都抓去，要杀掉他们。她和强盗们说：“我可以嫁给你们，给你们作奴婢，请你们放了我父亲和哥哥吧。”强盗们答应了，放了她父亲和哥哥，她对父亲和哥哥说：“你们快走吧，不要记挂我，我会和将军们过好日子的。”说完，就同强盗走了。走到一个桥上，她忽然跳下去，淹死在河中。后人都称她为烈女。

兰姐劝婆

兰姐善谏

【原文】

明童养媳兰姐，年十二。见其姑常与祖姑口角，辄骂老而不死为厌物。兰姐乃于夜静，泣跪姑前曰："姑与祖姑口角，示人榜样，日后姑老，人亦视为厌物，奈何。人孰不老，修短有数，媳愿姑亦如祖姑之寿也。"姑感悟而孝。兰姐后生五子，两登科甲。

【释读】

明朝有个童养媳叫兰姐。她看到自己婆婆与太婆经常吵架，婆婆骂太婆婆讨厌的东西，老不死的东西，骂得很难听。一天晚上，她跪在婆婆面前，流着眼泪说："婆婆和太婆相互对骂，是给后人一个榜样。假使婆婆年老的时候，也有人把您当成讨厌的东西，您怎么办呢？人都有老的时候，寿长寿短各有天命。我希望婆婆也像太婆那样长寿。"婆婆深深觉悟，开始孝顺自己的婆婆。兰姐后来生了五个儿子，有两个中了进士。

进妻反钥

【原文】

唐李光进之弟光颜先娶。母委家事于颜妻。及进娶妻，母已亡。颜妻即计囊时出入，归管钥于冢妇。进妻谓进曰：“君兄弟素友爱，今妾初来，即令归管钥，恐家庭从此生嫌矣。”进遂反管钥曰：“弟妇事姑有年。姑命主事，历年无失，不可改也。”

【释读】

唐朝时有兄弟两人，哥哥叫李光进，弟弟叫李光颜，弟弟在家先娶了亲，母亲就把管家的钥匙交给了弟弟媳妇。后来哥哥娶亲时，母亲已过世了，弟弟的媳妇就把管家的账目算得清清楚楚，连同钥匙交给哥哥嫂嫂。嫂嫂认为这样做不合适，一来自己刚嫁来，对家里不了解，二来弟弟和弟媳在几年中孝敬公婆，管理家产，没有任何问题，不应该把钥匙交过来，就把钥匙又还给弟弟和弟媳，于是一家人和睦相处，日子过得很富足。

管家的钥匙
和万事兴
庚寅年北京

感化父亲

陆女悟父

【原文】

明陆氏女，父常打鸟。弟三岁患痘，坚黑如弹子，号痛而死。时女年十六，跪父前泣曰：“父杀孽已多，致弟死。再不悛，恐绝嗣矣。”父悟，悉焚凶具，并戒杀放生惜字。女以父母无子，誓不出嫁以养亲。越九年，父梦祖抱婴儿来曰：“若非孙女感格，几绝我宗矣。”后果生一子。

【释读】

明朝时有个姓陆的女子，她的父亲天天打鸟捕鸟。她有个小弟弟三岁，得了病，全身出黑色豆子般的水痘，好像枪弹子一样，疼痛得喊了好几天死了。全家人很痛苦。陆女跪在父亲面前劝父亲不要再打鸟了，如果再打下去，杀戮太多，会断了自家的香火后代。他父亲听了很感动，把打鸟的器具烧掉，把家中的鸟和生物都放生了，立下字据再不杀生。过了几年父亲又生了一个儿子，陆女出嫁了，全家人过着美好的生活。

欧冯均产

【原文】

明欧公池妻冯氏，顺德人。公池有两兄，皆庶出。父分产，欲厚公池。冯氏请曰：“嫡子庶子为父母服，有差等乎？”欧父曰：“皆三年。”冯曰：“三子皆翁所生，服既无别，分产可有别乎？若是非妾所愿，亦非后人福也。”欧父嘉叹而从之。

【释读】

明朝有个叫欧公池的人娶妻冯氏，公池有两个哥哥是庶母生的，公公想把家产多分一些给公池。冯氏不同意，她和公公说，嫡妻、庶妻生的儿子都是您的骨肉，给父亲守孝都是三年。既然一样的弟兄，为什么要多分一些家产给我们，这样做家庭不和，是会有不幸的！冯氏的一番话说得公公很感动，像这样的好媳妇很少有，他让子孙们都学习冯氏的贤德品格。

郗女救兄
張乐群
庚寅年北京

郝女扶兄

【原文】

明慈溪人郝氏女，年十四岁。父母俱亡。独与兄嫂居。其兄病痿卧。值倭寇入县，嫂出奔，呼女与偕。女曰："我室女，将安之。且尔我俱去，谁扶吾兄者。"乃坚决侍兄病而不行。倭寇至，纵火，女力扶其兄，避空室，竟被燔灼俱死。

【释读】

明朝时有家人姓郝，父母生了一男一女先后去世，女儿只好跟哥哥嫂子过日子。哥哥得了筋肉疲软的痿瘫病，卧床不起。这时侯倭寇打过来，嫂嫂叫她一起逃走，郝家女说："我一个闺门不出的大姑娘逃到哪里去？哥哥一个人留下怎么办呢，谁照顾他呢？"于是，她坚决不肯逃走，在家侍奉哥哥。倭寇来了，烧了房子，她只好扶着哥哥避到空房子里，竟然被烈火烧死了。

柳宗元的母亲：

张乐群 庚寅年北京

柳卢睦族

【原文】

唐柳镇妻卢氏，七岁通毛诗。归柳后，孝舅姑，睦姻族，仁孝益闻。镇在朝为御史。凡诸伯叔母诸姑姊妹及其子，虽远在千里外，俱迎以来。卢承事唯谨，尊于己者卑下之，卑于己者畜慈之，敌己者友爱之，各得其欢心。子宗元，女二，皆贤孝。人以为太君教训所渐云。

【释读】

唐朝有个叫柳镇的娶妻卢氏，卢氏从小学诗词，知书达礼。嫁到柳家后孝敬公婆，与亲戚和族中的人相处十分和睦。柳镇的官越做越大，家族中的人越来越多，卢氏都是恭敬地待他们。伯母婶娘、姨娘、堂兄堂弟、外甥、子侄，远在千里外的都愿意接济他们，照顾他们。她对长辈尊敬，对晚辈慈爱，很受家族的爱戴。她的儿子柳宗元和两个女儿都是受了卢氏的教育，道德修养很高。

王氏劝和
庚寅年北京

魏王谢过

【原文】

明魏钟偶失于其兄。妻王氏闻之，治具延兄，为夫谢过。呼二儿使侍食焉。兄镛固俊爽士，叹曰：“吾闻兄弟之好，以妇人败，未闻以妇全也。吾弟妇其贤矣哉。”一日，钟嗛其表兄之子，曰卑幼也，乃数犯我。王氏曰：“君母族惟一息耳，奈何不能宽容。”钟瞿然称善。后孙校成进士，即庄渠先生。人咸论其为母德所致云。

【释读】

明朝人魏钟偶然得罪了哥哥，妻子王氏听见了，特地备了酒菜请哥哥，并叫自己的两个儿子也站在一旁，向兄长赔礼道歉。魏钟的哥哥魏镛，看到弟媳这样，感叹说：“从来都是因妇人的离间破坏兄弟之间的感情，没见过像兄弟的妻子这样成全兄弟的，这真是个贤德的人啊。”魏钟不喜欢他表兄的儿子，说他年幼卑微，竟然屡次触犯我。王氏知道了，对丈夫说：“你母亲家的人，只剩下这么一个男孩了，看在你母亲的份儿上，饶恕了他吧，让他改过重新做人吧。”魏钟听了很有道理，照她的话做了，一家人和气相处。王氏在家族中处处讲和睦，后来她的孙子中了进士，是全县人人夸奖的大贤大德之人。

曹娥投江

【原文】

汉曹盱女娥，上虞人。盱为巫，能弦歌。汉安二年，端阳日，迎潮神于舜江，逆涛而上，为水所没，不得其尸。娥年十四，沿江号哭，昼夜不绝声。旬有七日，乃投衣祝水，视衣所沉处而自投焉。经五日，抱父尸出浮水面。官令葬之，立碑为识。后世因名为曹娥江。

【释读】

汉朝时曹盱有个女儿叫曹娥，曹盱是巫师，会唱歌迎神。汉安二年端午节，曹盱在江边迎接潮神，一不小心掉到江里，找不到尸首。曹娥当时十四岁，她沿江痛哭，日夜不停。后来她把衣服投入水中，在衣服沉下去的地方，自己跳了下去。过了五天，她抱着父亲的尸首浮出水面。县官把他们父女俩埋葬了，并立碑作纪念。后世把这条江称作曹娥江。

投江救父
庚寅年北京

刘女代耕

【原文】

明刘氏二孝女，汝阳人。父玉生七女，无子，家贫力田，尝至垄上叹曰："生女不生男，使我扶犁不辍也。"其第四第六女闻之，恻然，遂立誓不嫁。着短衣，代父耕作，以菽水承欢。及父母相继卒，无力营葬，二女即屋为丘，日定省焉。隆庆四年，督学副使杨俊民，知府史桂芳诣其舍，请见，时二女年皆六十余矣。

【释读】

明朝时有个叫刘玉的人生了七个女儿，没有儿子。他每天在田地里种地，一个人干活，没有男孩子帮他，他常常叹气说："生女孩不如生男孩，我都老了还要在田里辛勤耕作。"他的话让第四、第六两个女儿听到了，她们发誓不嫁人。于是，她们开始穿起男人的短衣短裤，替父亲在田里耕作。她们尽心服侍父母，殷勤备至。等到父母相继去世后，因无力安葬父母，她们把居室改成父母的坟室，像生前一样每日请安。隆庆四年，督学副使杨俊民和知府史桂芳去看望她们，此时两姐妹已六十多岁了。

以女代男
庚寅年北京

曹娥救兄

诸娥钉板

【原文】

明诸士吉女娥，山阴人。士吉于洪武初，为粮长。有黠而逋赋者，诬士吉于官，执法论死。二子炳焕亦系狱。娥年方八岁，昼夜号哭，与其舅陶山长走京师诉冤。时有令，冤者非卧钉板，勿与勘问。娥辗转板上，几毙。事乃闻，勘之，仅戍一兄而止。娥受伤甚重而卒，里人哀之，为肖其像，而配享于曹娥庙中。

【释读】

明朝有个叫诸士吉的人，他的女儿叫诸娥。诸士吉是一个管粮食的官员，被一个偷粮款又不交粮食税的恶人诬告，定为死罪，两个哥哥也受牵连坐了牢。当时的诸娥只有8岁，她日夜啼哭，后来与舅舅一同去京师要为父兄申冤。当时的法令是诉冤者要滚钉板，案件才能被受理。诸娥滚过钉板，差点死了。这个案件被重新调查，她的父亲无罪释放，只有一个哥哥被发配边疆充军。诸娥因伤势过重死了。乡里人敬佩她，为她塑像，并将塑像供奉在曹娥庙中。

余陈让产

【原文】

宋余楚继妻陈氏，生子翼，三岁而楚死。陈氏尽以其产与前妻二子。谓翼曰："彼无母，勿以此为争也。"翼年十五，使游学四方，氏穷窭，几无以自存。翼在外十五年，成进士归，迎母入官。氏闻前妻二子贫困，又收养而存恤之。

【释读】

宋朝时有个叫余楚的人续娶一个妻子叫陈氏，生了一个儿子叫余翼。余翼三岁的时候余楚去世了。陈氏就把家产分给了前妻的两个儿子。对自己生的儿子说，你还有母亲，你的两个哥哥母亲都没有了，不能与两个哥哥争家产。余翼十五岁的时候到处游学，陈氏过着贫困的日子。十五年后余翼中了进士，他把母亲接过去一同生活。后来陈氏听说前妻的两个儿子生活贫困，就叫儿子把他们都接来一同生活，养育他们的后代长大成家立业。陈氏的美名人见人夸。

陈氏让家产
庚寅年北京张乐群绘

平分家产

庚寅年北京

士选让产

【原文】

五代张士选，幼丧父母，其叔育之。祖产未析，叔有七子。选年十七。叔曰："今与子析产为二。各得其一。"选曰："叔有诸兄弟七人，可分为八。"叔固辞，选让逾力，因从之。时选在馆，术者称其满面阴骘，必高第，后果然。

【释读】

五代时，有个叫张士选的人，幼年没了父母，与叔叔生活在一起，叔叔养了七个儿子，等张士选到了十七岁，他叔叔决定分家。对他说："你爷爷生我和你父亲二人，留下的家产分作两份，你一份，我一份，你看如何？"张士选说："叔叔生得七个弟兄，加我一个，家产分为八份才对。"叔叔不肯，张士选坚持与七弟兄平分，叔叔只好答应了。有一天一个看相的人到书馆里来，看到了张士选，觉得他满脸红光，将来一定有出息，后来张士选果然做了朝中大官。

世恩夜待

【原文】

明陈世恩，万历已丑进士，长兄孝廉。季弟好游狎，早出暮归，长兄规之不改。世恩曰：“伤爱无益。”乃每夜亲守外户，待弟入，手自扃钥。问以寒暖饥饱，忧恤之情，形于言貌。如是数夕，弟乃大悔，不复暮归。

【释读】

明朝时有个叫陈世恩的人，是万历已丑年的进士。为人很正直，又很慈善。大哥是个举人，小弟弟游手好闲，不求上进，每天早出晚归。大哥规劝他仍不知悔改。世恩说这样做损害了兄弟间的友爱，毫无益处。于是他每天晚上都守在门外，等弟弟进了家门，亲手上锁，并问寒问暖，关心担忧之情溢于言表。这样过了几个晚上，弟弟终于悔悟了，不再很晚回家。

劝弟回家
庚寅年北京

舍身救兄

庚寅年北京

张乐群绘

庾衮侍疫

【原文】

晋庾衮，字叔褒。时值大疫，二兄死焉，次兄毗复危。疠气方炽，父母诸弟悉外避。衮独不去，诸父强之。衮曰："性不畏病。"遂亲自扶持，昼夜不眠，间复抚柩哀泣。十余旬，疫止，家人乃反。毗病得瘥，衮亦无恙。父老异之。

【释读】

晋朝有个叫庾衮的人，有一年遇到大瘟疫，他的两个哥哥都传染了疾病死了。二哥又病得很厉害，瘟疫传染十分严重，他的父母及弟弟们都躲到外边去了，只有他不肯走。伯父和叔叔们让他去外边躲避，庾衮坚持不能放弃哥哥，不肯外出。他日夜不睡，照顾哥哥，有时抚着死去的两个哥哥的灵柩哀哭。这样过了一百多天，流行的瘟疫终于过去了，外出躲避的人们又都回到家中，看到病人已经好了，庾衮也没有传染上瘟疫，地方上的父老们都觉得很奇怪。

同是一個祖宗后代

張乐群绘

庚寅年北京

朱显焚卷

【原文】

元真定有朱显者。至元中，其祖父已分授财产。迨至治中，显念其侄彦昉等年幼无恃，乃谓其弟耀曰："父子兄弟，本同一气，可异处乎？"乃会拜祖墓下，取分券尽焚之，复同居焉。

【释读】

元朝时有个叫朱显的人，至元年间，他的祖父早已把家里银钱和产业都平分好了。过了几十年，朱显看到他的侄子们越过越穷，连穿衣、吃饭都很困难。朱显就对他的弟弟朱耀说，都是一个祖宗的后代，怎么能看着他们没有依靠，又没有生活来源，大家应该是一家人，不要分开了，合在一起生活吧。他建议兄弟们到祖先坟前把分家的凭据烧了，仍然生活在一起，从此朱家一个和睦的大家庭中再没有贫富之分了。

兄弟
庚寅年北京

赵孝争死

【原文】

汉赵孝，字常平，与其弟礼相友爱。岁饥，贼据宜秋山。掠礼，将食之。孝奔贼所，曰，礼病且瘠，不堪食，我体肥，愿代之。礼不允，曰，我为将军所获，死亦命也，汝何辜。兄弟相抱大哭。贼被感动，并释之。事闻，诏分别迁授。

【释读】

汉朝时有姓赵的两兄弟，哥哥叫赵孝，弟弟叫赵礼，相处十分和睦。一年，大荒大灾，各地出现了强盗，到处抓人抢粮，抢不到粮就抓人杀人吃人。一天，赵礼被强盗抓去了，赵孝听到了，十分着急，跑到强盗那儿救弟弟。他和强盗们说，我弟弟身体不好，瘦弱多病不好吃，请你们把我杀了吃吧，我胖又没有毛病，一定好吃。弟弟听了坚决不肯，说我命该如此，我死了哥哥还可以孝敬父母照顾子孙。说完两人抱头大哭。强盗们目睹了兄弟俩的友爱，十分感动，就把他们放走了。这件事传到皇帝那里，下了诏书让弟兄俩都做了官。

一百個忍字

公艺百忍

【原文】

唐张公艺，九世同居。高宗问其睦族之道，公艺请纸笔以对，乃书忍字百余以进。其意以为宗族所以不睦，由尊长衣食或有不均，卑幼礼节或有不备，更相责望，遂为乖争。苟能相与忍之。则家道雍睦矣。

【释读】

唐朝有个叫张公艺的人，他们家连续九代同住一块儿没有分过家。高宗皇帝就问张公艺，你们是用什么方法使得族中这样和睦的。张公艺请求用纸笔来对答，高宗皇帝就给了他纸笔，他拿起笔竟在纸上写了一百多个忍字。张公艺认为，凡是家族间的不和睦其原因大多是由于尊长的衣食分配不均，长幼的礼节不周，大家互相谴责，互相埋怨，所以就发生了种种争执。如果大家都能忍让些，家里就会很和睦了。这就是家和万事兴。

后记

作为一名多年来从事教育事业的工作者和绘画爱好者，我一直有一个心愿，那就是用生动的绘画形式配以简洁的语言来诠释和解读国学经典。一面是中国传统国画，一面是精炼的现代汉语，这种文配图的形式，会比单纯的文言文更易于理解，也更易于青少年学习和深刻领会，从而真正发挥国学的教育作用。

在我看来，生动形象的图画，能极大培养青少年的阅读兴趣。在欣赏优美国画的同时，让青少年深入领会经典著作的深刻内涵，从古代的原文中取其精华继承传承传统美德。这就是我创作本套“画说国学丛书”的初衷。

本套丛书的创作出版，首先要感谢祖先留给我们的宝贵文学财富，这些字字珠玑的文字，是古圣先哲智慧的结晶，正是借助于他们的智慧，我才能顺利完成自己的创作。学无止境，追求完美的境界也无止境，欢迎读者批评指正，持续完善自己的作品，将是我不懈的追求。

本套丛书的出版，感谢中国书籍出版社的大力支持。还要感谢周奇、旷昕、陈茂勇、岳海军、徐逢蔚等朋友的大力支持。我将有信心把自己的创作坚持下去，为伟大国学的传承贡献自己的绵薄之力。

张乐群

图书在版编目（CIP）数据

画说中华孝典 / 张乐群著 . —北京：中国书籍出版社，2013.6
ISBN 978-7-5068-3557-2

Ⅰ . ①画… Ⅱ . ①张… Ⅲ . ①孝－文化－中国－通俗读物 Ⅳ . ① B823.1-49

中国版本图书馆 CIP 数据核字（2013）第 128331 号

画说中华孝典

张乐群 著

责任编辑 许艳辉
责任印制 孙马飞 张智勇
封面设计 石海馨
出版发行 中国书籍出版社
地　　址 北京市丰台区三路居路 97 号（邮编：100073）
电　　话 (010)52257143（总编室）　(010)52257153（发行部）
电子邮箱 chinabp@vip.sina.com
经　　销 全国新华书店
印　　刷 北京潮星印刷有限公司
开　　本 787 毫米 ×1092 毫米　1/16
字　　数 50 千字
印　　张 8.25
版　　次 2013 年 9 月第 1 版　2013 年 9 月第 1 次印刷
书　　号 ISBN 978-7-5068-3557-2
定　　价 38.00

画说国学丛书

画说中华孝典